너를 만난 봄

# 반가워유, 나비씨

글·그림 나비랑

ㅇㅈㅅㅌㄹ

# PROLOGUE

반가워유
내 이름은 나비

흔한 이름이라고 얕잡아 보지 마슈
난 조금 특별하니깐

눈치 챘을라나?

난 다리가 하나 없구만,
정확히는 왼쪽 다리가.

오랜 길바닥 생활에 사고가 있었슈

지금 생각해도 끔찍하구만...

이대로 죽은 목숨이다.. 생각했는디

나비야~

길에서 돌봐주던 인간이 날 안아주더라고

그 이후로 몸은 조금 불편해졌지만
이젠 따뜻한 집에서 집사를 부리며 살고 있슈

잘잤어?
미야앙♥

근디 종종 나의 이런 모습을 불쌍하게 보드라고
그치만 그런 생각 말어

까득 까득

난 잘 먹고
잘 싸고 잘 자면서

행복하게 잘 살고 있구먼

못 믿겠다고?

그럼 내가 증명할 테니깐
어여 따라와봐유

## CHAPTER 1.
### 봄날에 만나

| | |
|---|---|
| 첫 만남 | • 010 |
| 내 이름은 | • 012 |
| 2년의 역사 | • 016 |
| 이상한 다리 | • 018 |
| 수술이 필요해 | • 020 |
| 예비 집사 | • 024 |
| 그렇게 가족이 되었다 | • 026 |
| 산책하지 마 1 | • 030 |
| 산책하지 마 2 | • 032 |
| 산책하지 마 3 | • 034 |
| 산책하지 마 4 | • 036 |
| 산책하지 마 5 | • 040 |

# CONTENTS

### CHAPTER 2.
### 매일 너를 알아가

| | |
|---|---|
| 나비의 손버릇 | • 046 |
| 카메라 울렁증 | • 049 |
| 밥=응가 타임 | • 052 |
| 비닐 | • 054 |
| 빗질 싫어 | • 056 |
| 썩소를 보는 방법 | • 058 |
| 관종 나비씨 1 | • 060 |
| 관종 나비씨 2 | • 062 |
| 아침 루틴 | • 064 |
| 일단 베고 본다 | • 066 |
| 운명의 박스들 | • 068 |
| 재채기 | • 070 |
| 사냥의 시작과 끝 | • 072 |
| 사료 미사일 | • 074 |
| 기분이 좋구나 | • 076 |
| 애정 유통기한 | • 078 |
| 존재감 | • 080 |
| 맨날 자 | • 082 |

## CHAPTER 3.
**오늘도 함께하는 하루**

| | |
|---|---|
| 털과의 전쟁 | • 086 |
| 발톱은 아프다 | • 090 |
| 코로 말해요 | • 091 |
| 눈치 빠른 고양이 | • 094 |
| 탐나는 음식 | • 096 |
| 말 많아 | • 098 |
| 연어의 맛 | • 100 |
| 얼리어답터 나비씨 | • 102 |
| 위험한 모닝콜 | • 104 |
| 응가 향 모닝콜 | • 106 |
| 질투 | • 108 |
| 같이 자 | • 110 |
| 왕엄마와 털 | • 112 |
| 내 선물인데? | • 114 |
| 내 자린데? | • 116 |
| 군대 간 형 | • 118 |
| 내가 로나라니 | • 120 |
| 늦잠의 이유 | • 124 |
| 하나도 안 무서워 | • 128 |
| 스케일링 | • 130 |

# CONTENTS

## CHAPTER 4.
### 앞으로도 잘 부탁해

| | |
|---|---|
| 홀수를 좋아해 | 136 |
| 회색 고양이 | 137 |
| 네가 없는 하루 | 140 |
| 이 시간 아깝지 않게 | 144 |
| 부드러운 모닝콜 | 146 |
| 그녀의 이름은 1 | 148 |
| 그녀의 이름은 2 | 152 |
| 그녀의 이름은 3 | 154 |
| 그녀의 이름은 4 | 156 |
| 관종과 팔불출 | 160 |
| 익숙해지기 힘든 것 | 162 |
| 불출산 등반 | 164 |
| 네가 있다면 | 166 |
| 나이 먹는 티 | 168 |
| 핑크가 좋아졌다 | 170 |
| 한마디만 해주라 | 172 |
| 너랑 나 | 174 |
| 너의 발바닥 | 176 |

## BONUS CHAPTER.
### 나셰프 요리교실

| | |
|---|---|
| 화채 | 182 |
| 오므라이스 | 184 |
| 김장 | 186 |
| 초콜렛 | 188 |

# 첫 만남

# 내 이름은

그렇게 복실이는
다시 나비가 되었습니다

NYAICE TO MEET YOU

*Nabissi*

힘든 계절이었지만
그리운 나비의 네 다리
- 2012년, 겨울 산책길 -

*Nabissi*

누가 봐도 복실이던 시절
털 때문에 더 거대해 보이네
- 2012년의 이른 겨울밤 -

NABISSI

# 2년의 역사

# 이상한 다리

# 수술이 필요해

수술 전 입원 첫날
더 일찍 데려오지 못해서 미안해…
- 2014년, 병원에서 -

# 예비 집사

# 그렇게 가족이 되었다

형 집사가 골라준
호피 무늬 집에서 단잠
- 2014년, 우리 집에서 첫날 -

형 집사와 함께 아침을,
우리 이젠 정말 가족이야
- 2014년 4월 11일 -

# 산책하지 마 1

# 산책하지 마 2

# 산책하지 마 3

무작정 나비씨가
사라진 방향으로 달려봤지만

어디에서도
보이지 않았던 나비씨…

# 산책하지 마 4

*고양이들은 자신이 사용하던 화장실 냄새를 맡고 찾아올 수 있다고 합니다*

# 산책하지 마 5

**산책의 대가는 컸습니다…**
정말 고양이 산책은 하지 마세요…

벌써 적응해 버린 집 생활
집사 다리 위에서 꿀잠 자는 중
- 2014년, 따뜻한 우리 집에서 -

'집 나가면 고생이다'를
몸소 체험한 꼬질이 나비씨
- 2014년, 28시간 만에 컴백홈 -

# 나비의 손버릇

# NABISSI

잠결에도 의자를 뜯느라
바쁜 솜방망이…
- 집사 의자에서 주말 낮잠 -

식탁 두들기며
무언의 압박 중인 나비씨
- 밥 먹은 지 시간도 안 된 어느 날 -

nyaice to meet you

# 카메라 울렁증

어떻게 셔터 누르는 순간에
저런 표정을 짓는거지…
- 집사 짐싸기 방해하던 어느 밤 -

이런 말 잘 안 하는데…
진짜 못생겼다 나비야…
- 집사 외출이 못마땅했던 어느 밤 -

# 밥=응가 타임

# 비닐

# 빗질 싫어

# 썩소를 보는 방법

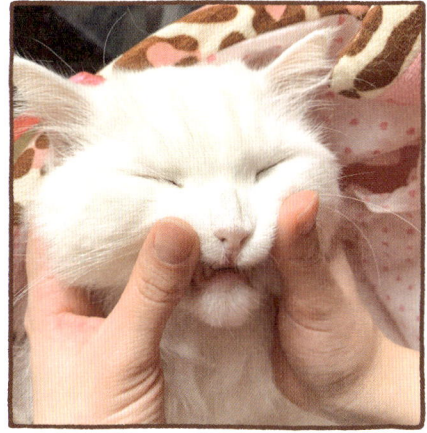

# 관종 나비씨 1

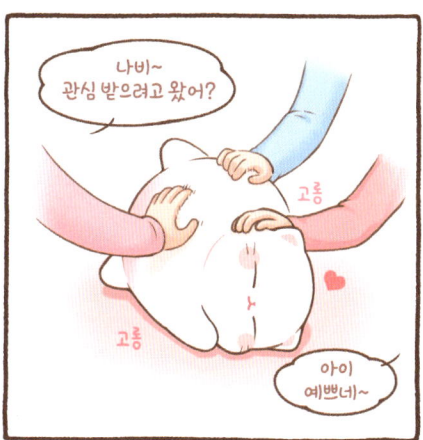

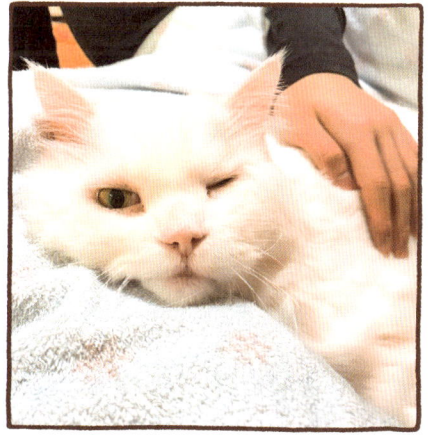

# 관종 나비씨 2

# 아침 루틴

# 일단 베고 본다

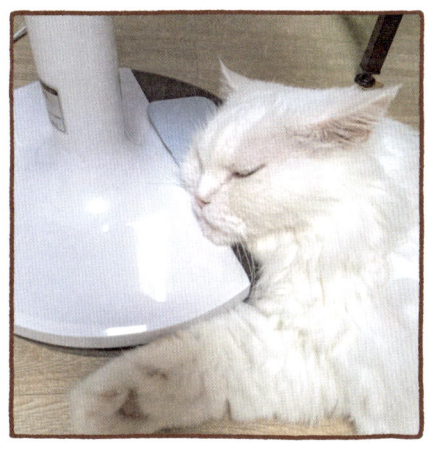

# 운명의 박스들

## 재채기

# 사냥의 시작과 끝

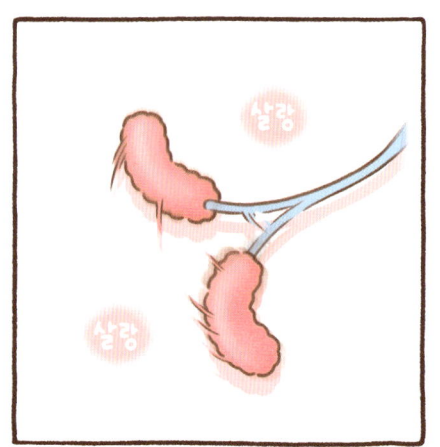

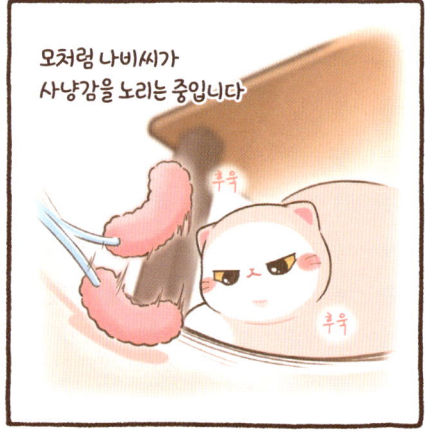

모처럼 나비씨가
사냥감을 노리는 중입니다

나비야 잡아!!

# 사료 미사일

# 기분이 좋구나

믿기 힘들겠지만
정말 행복한 얼굴의 나비씨
- 2021년, 행복하게 골골송 부르던 날 -

# 애정 유통기한

# 존재감

# 맨날 자

# 털과의 전쟁

*Nabissi Nabi*

밭두렁 컷으로
곱게 미용한 나비씨
- 2022년, 예쁘게 미용한 어느 날 -

분명 미용한 지 얼마 안 됐는데…
순식간에 다시 털북숭이
- 2022년, 미용한 지 한 달 된 어느 날 -

반가워유,
나비씨

# 발톱은 아프다

## 코로 말해요

불타는 코
루돌프가 친구 하자고 하겠네…
- 2021년, 공포의 건강검진 날 -

긴장해서 온몸이 따끈따끈
얼른 집에 가고 싶은 얼굴이네
- 끝나지 않은 건강검진의 날 -

# 눈치 빠른 고양이

# 탐나는 음식

# 말 많아

# 연어의 맛

# 얼리어답터 나비씨

# 위험한 모닝콜

# 응가 향 모닝콜

# 질투

## 같이 자

# 왕엄마 털

# 내 선물인데?

집사보다 먼저 앉은 방석
이 방석은 이제 제 것입니다
- 2020년, 집사의 생일날 -

# 내 자린데?

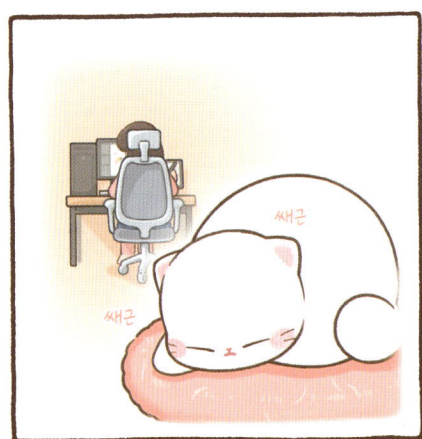

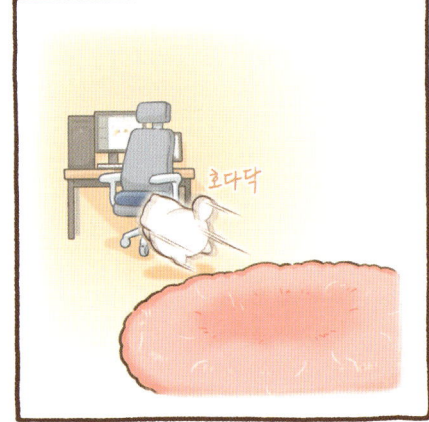

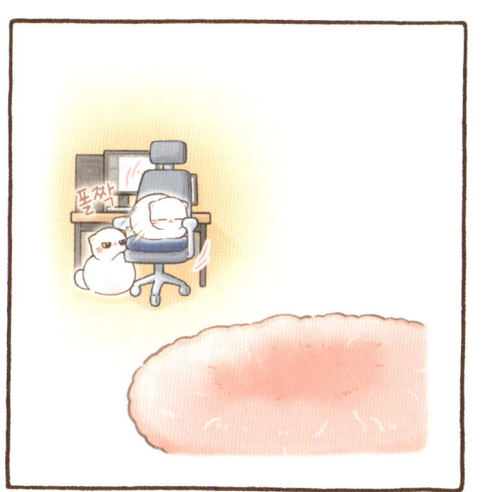

# 군대 간 형

# 내가 로나라니

NABISSI

집사야… 괜찮냐…?
- 2022년, 코로나 투병 중 어느 날 -

집사 옆에 눕고 싶은 나비씨
불쌍한 표정을 지어봅니다
- 코로나 투병 중 어느 날 -

# 늦잠의 이유

**제가 늦잠 잔 건 다 나비씨 탓입니다**
그렇다고 해주세요…

치명적인 나비씨의 유혹
'그냥 나랑 누워있자'
- 여느 날과 같은 아침 -

멍하니 베개 베고
따끈따끈해지는 중
- 겨울의 어느 아침 날 -

# 하나도 안 무서워

# 스케일링

# 홀수를 좋아해

# 회색 고양이

묘생 첫 냥발 후
누나 집사 무릎에서 멍...
- 여느 날과 같은 아침 -

목욕하기 싫은지
갑자기 착해진 눈빛
- 묘생 두 번째 목욕을 앞둔 어느 날 -

# 네가 없는 하루

덩그러니 놓인 밥그릇

비어있는 방석에서
네가 없음을 느끼지 못했다

돌아보면 당연히
마주치던 시선이 길을 잃고

실수로 난 큰 소리에
놀랐을 너를 걱정하는 찰나

우당탕!

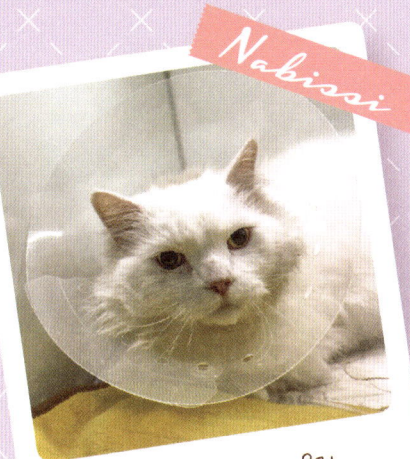

너는 넥카라가 안 어울려
그러니 아프지 말자
- 10번째 겨울을 함께한 어느 날 -

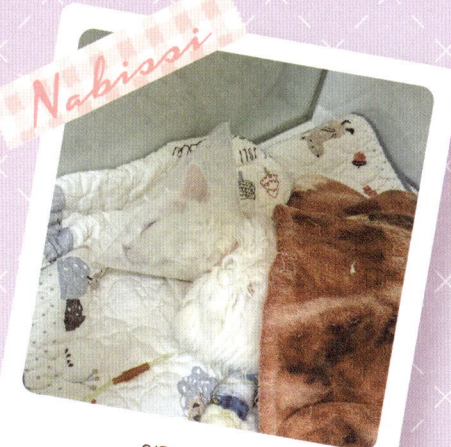

얼른 일어나
잠은 집에서만 자자
- 2023년 겨울, 퇴원하는 날 -

# 이 시간 아깝지 않게

# 부드러운 모닝콜

# 그녀의 이름은 1

베란다에서 격리 중이던
굴러 들어 온 작은 둘
- 2014년 초여름의 어느 날 -

저 작고 마른 몸으로
무슨 일을 겪었던 걸까…
- 누군가에겐 더 고됐을 여름날 -

# 그녀의 이름은 2

나비씨가 스리슬쩍 접근했습니다

# 그녀의 이름은 3

# 그녀의 이름은 4

우리 애들 더 예뻐졌다~

그러게ㅎㅎ

**사랑받는 것이 얼마나 중요한 지
다시 한번 느꼈던 빵이와의 추억**

♥ 내일은 더 아름답도록 사랑해줄게♥

# 관종과 팔불출

# 익숙해지기 힘든것

# 불출산 등반

오늘도 집사는 팔불출산을 등반합니다…

# 네가 있다면

# 나이 먹은 티

# 핑크가 좋아졌다

# 한마디만 해주라

# 너랑 나

사랑하면 닮는다더니,
역시 우린 운명인가 봐

**그러니까 우리 오래오래 함께하자**

# 너의 발바닥

앞으로도 말랑한 발바닥
내가 만들고 지켜줄게

너는 건강하게
내 곁에만 있어줘

**BONUS CHAPTER**
# 나셰프 요리교실

# 화채

# 오므라이스

# 김장

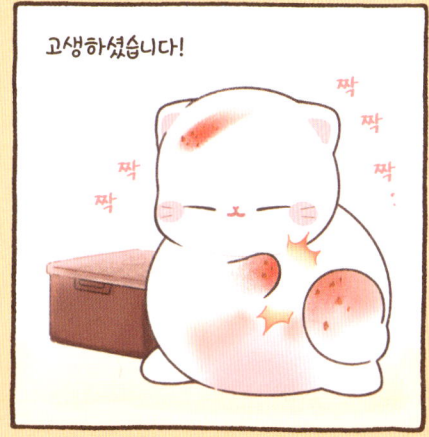

# 초콜릿

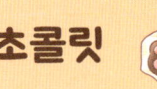

# EPILOGUE

오늘도 알찬 하루를 보냈구만

우리 집사가 기록한 내 일상들 잘 보고 왔슈?

별거 없쥬?

나도 다른 고양이들처럼 씩씩하게 잘 지낸다구

물론 불편할 때가 없는 것은 아니지만…

네 다리 멀쩡했던 외로운 길 생활보단 지금이 훨씬 행복혀

이렇게 앞으로도 집사들 부리면서 오래오래 살아야겠슈

| | |
|---|---|
| 내 하루를 지켜봐 준 그대들에게도<br>참으로 고맙고<br><br>하나만 기억해줄래유? | 나처럼 조금 불편한 친구들도<br>충분히 사랑스럽고<br><br>함께하면 행복할 수 있다구유 |
| 아이고 너무 떠들었나보구만<br><br>잠 잘 설치는 인간이라 이만 줄여보겠슈 | 그럼 잘 가고<br>나의 또 다른 다리가 되어주셔서 고마워유<br><br>우리 모두 행복합시다 |

## 작가의 말

세상에... 제가 책이라는 걸 낼 줄이야!
그것도 사랑하는 나비씨와 함께라니, 전 정말 운이 좋은 사람이에요.

사실 나비씨와 처음 만났을 당시는 운은 커녕 정말 내일이 있을까 하는 고민만 가득할 때였어요.
정말 아무것도 없어서 나비씨에게 해줄 수 있었던 건 100원짜리 소시지 몇 개와 잠깐의 관심 정도?
그런 책임없는 관심만 줬는데도, 나비씨는 저를 너무나 믿고 사랑해 줬어요.
그래선지 나비씨가 다리를 다친 순간에 늦게나마 책임질 용기가 생겼던 것 같습니다.

장애가 있는 고양이를 키우다 보면 종종 저에게 '왜 굳이..'라는 말이나 칭찬을 해주실 때가 있어요.
물론 속상할 때도 있지만 장애묘와 함께하는 게 대단한 일은 아니에요.
여느 고양이들과 다를 바 없이 귀엽고 사랑스러운 눈빛으로 우리를 바라봐 준답니다.
물론 나비씨보다 더 어려운 사정의 친구들과 함께하는 분들이 계시겠지만,
그분들도 저와 어느 정도 비슷한 마음을 가지고 계실거라고 생각해요.
저와 나비씨의 이야기가 나비씨 같은 친구들을 조금 더 따뜻하게 바라봐줄 수 있는
하나의 디딤돌이 되었으면 좋겠습니다.

처음 8평 남짓한 집에서 4명의 초보 집사들과 나비씨의 삶은 어려울 때도 있었지만
나비씨 덕분에 삭막했던 서로에게 웃음과 추억, 행복을 나눌 수 있었어요.
가족이란 울타리를 단단하게 만들어준 나비씨에게 정말 감사해요.

저의 마음들이 이 책을 통해 나비씨에게도,
또 나비씨와 비슷한 친구들과 함께하는 분들에게도
전해졌으면 좋겠습니다.
감사합니다.

**나비랑 드림**

## 반가워유, 나비씨

**초판 1쇄 발행** 2024년 11월 22일
**글·그림** 나비랑  @nabissi0411

**펴낸이** 전혜영 | **기획** 조윤성, 윤혜지 | **편집** 박한솔
**펴낸곳** 우주스토리 | **등록번호** 제2023-000340호 | **등록일자** 2023년 10월 30일
**주소**  (주)우주랩 서울시 강남구 강남대로84길 24-4, 2층 엘에스41
**홈페이지**  www.woozoolab.com

ⓒ나비씨 2024 All rights reserved.
ⓒWooZoolab 2023 All rights reserved.
**ISBN** 979-11-985217-1-2

본 책은 저작권법에 의해 보호를 받는 저작물이므로 무단 전재와 복제를 금합니다.